AF260053

LA COMMUNE DE PARIS

EN 1871

MARSEILLE. — IMP. COMM. J. DOUCET ET COMP. RUE MOUSTIERS, 7.

LA COMMUNE DE PARIS

EN 1871

SON ORIGINE — SES ACTES — SA FIN

PAR

Joseph BLOCH

Ex-adjudant au 249me Bataillon de la Garde Nationale de la Seine.

PARIS

LÉON ROBIN, LIBRAIRE-ÉDITEUR

Rue Boileau, 104

1871

LA COMMUNE DE PARIS

En 1871

Son Origine — ses Actes — sa Fin

———

I

Lorsque éclata le mouvement populaire du 4 Septembre, Paris se vit tout à coup envahi par une foule d'énergumènes, néo-pamphlétaires et orateurs de clubs dont l'Empire avait repoussé les offres et dédaigné les services.

Les quelques hommes qu'une opposition de plusieurs années semblait avoir désignés à la confiance de tous, se saisirent du gouvernement si lâchement abandonné par le capitulateur insigne de Sedan.

On sait aujourd'hui combien fut grande l'émotion qui régnait à Paris en ces jours de crise et de désastre.

Un gouvernement de fait, dit de DÉFENSE NATIONALE, se produisit et fut aussitôt acclamé par le peuple. Alors les clubs se multiplièrent : les salles de spectacle, les cafés , les églises mêmes furent convertis en *réunions publiques*. Une foule immense s'y précipitait, avide de nouvelles et anxieuse sur l'issue des événements graves qui présidaient à la fondation de la nouvelle République.

Tandis que le gouvernement de la *Défense Natio-nale* organisait la lutte à outrance, les hommes qui oppriment Paris aujourd'hui, commençaient à jeter parmi les masses des ferments de haine et de défiance. Ils se constituaient, de par le vote de clubs à leur dévotion, en COMITÉ CENTRAL RÉPUBLICAIN, dont le siége était place de la Corderie, 6, et qui avait pour but apparent d'aider le gouvernement acclamé, dans la tâche difficile qu'il avait entreprise. Mais bientôt les hommes de la Corderie firent scission complète et se mirent en hostilité ouverte avec les Membres de la Défense Nationale. C'est alors que pour renverser le gouvernement de l'Hôtel-de-Ville, ils imaginèrent de ressusciter la fameuse Commune de 93 et la présen-tèrent au peuple comme le seul pouvoir capable de sauver Paris et la France.

Les habitués des clubs, quoique aussi ignorants en histoire qu'en politique, ne voulurent pas admettre tout d'abord les théories insensées de leurs orateurs.

L'affaire malheureuse du Bourget fournit aux factieux une belle occasion de décrier la défense et de réclamer la Commune à main armée. Accompagnés de Flourens, des tirailleurs de Belleville et de quelques égarés des réunions publiques, ils commirent l'échauffourée du 31 octobre.

On connaît les résultats de ce coup de main : trois cent cinquante mille suffrages furent donnés à Jules Favre et consorts. Les partisans de la Commune se comptèrent ; ils étaient à peine cinquante mille. Telle fut l'origine du pouvoir dictatorial qui règne à Paris aujourd'hui, sous le nom de COMMUNE.

II

La capitale avait nettement formulé sa volonté ; le calme se rétablit. Néanmoins les démagogues ne se découragèrent pas : les discours les plus subversifs furent débités sur la *Commune* par les énergumènes des clubs. « C'était l'abolition du capital, la réhabili-
« tation du prolétariat, la liquidation sociale, la satis-
« faction de tous les besoins, de toutes les exigences,
« de tous les appétits plus ou moins avouables des
« classes, se disant déshéritées ; c'était enfin, comme
« en 93, le salut de la patrie, aux chants de la *Mar-*
« *seillaise* et du *Ça ira.* »

Sur ces entrefaites et après plusieurs sorties malheureuses, arriva la capitulation de Paris. Alors un délire de rage et de désespoir s'empara de tous les esprits ; une fraction de la garde nationale ne voulut pas se rendre et demanda à être conduite à l'ennemi.

Les hommes de la Corderie avaient beau jeu ; ils surent exploiter les circonstances douloureuses du moment.

Quelques écervelés, il est vrai, compromirent un instant la situation, par une nouvelle attaque contre l'Hôtel-de-Ville, le 21 janvier 1871 ; mais ils échouèrent plus misérablement encore que la première fois.

Pendant ce temps, le Comité central protestait hypocritement contre l'attentat du 21 janvier, et se constituait en Comité militaire de fédération de la garde nationale. Il prétendit qu'on conspirait la ruine de la France et le renversement de la République et se mit à disposer arbitrairement des forces de la capitale.

Ce coup d'audace eut un commencement de succès. Enhardis par la modération et la tolérance du gouvernement légal, les factieux promirent la solde à tous les gardes nationaux qui se soumettraient à leurs ordres ; ils s'emparèrent des canons abandonnés dans différents parcs d'artillerie et se fortifièrent terriblement sur les hauteurs de Montmartre. Ils distribuèrent des grades aux jeunes fous qui ne craignaient pas d'engager leurs têtes dans cette entreprise et firent afficher, sur les murs de la ville, des placards incendiaires qu'accueillait avec un sourire de dédain la paisible population de Paris.

Cet état de choses ne pouvait durer longtemps.

Les journaux révolutionnaires étaient devenus d'une violence inouïe ; le pays, accablé par une guerre désastreuse, avait à panser bien des plaies, et la tranquillité était indispensable au rétablissement de notre commerce complétement ruiné.

Après un appel solennel à la fraternité et à la conciliation, le gouvernement légal comprit que le seul argument qui restât à employer contre les insurgés de Montmartre était celui de la force. Mais l'armée avait été travaillée en sous-main, les théories démagogiques des clubs l'avaient corrompue en partie ; l'or fit le reste. A la faveur de cette défection momentanée des troupes, le *Comité* occulte, dit de *Fédération de la garde nationale,* s'empara par surprise des positions importantes de Paris ; d'immenses barricades s'élevèrent de toutes parts, et les forts de la rive gauche tombèrent aux mains des factieux.

Le pouvoir exécutif, voulant éviter une trop grande effusion de sang, se retira à Versailles.

Paris devint la proie de l'insurrection.

Le Comité de Fédération comprit toute l'irrégularité de sa situation. L'usurpation de pouvoir était flagrante ; il ne pouvait le conserver. Il usa d'un subterfuge et « décréta » la nomination d'une Commune à Paris.

Les hommes de la Corderie avaient atteint leur but ;

seuls, ils se présentèrent aux élections et furent, en conséquence, élus sans difficulté.

La Commune constituée, il fallut formuler un programme ; les communaux se trouvèrent fort embarrassés. Habiles à dénigrer et à calomnier les actes des gouvernements passés, ils se trouvaient incapables.de prendre la moindre initiative. Ils furent épouvantés en face des difficultés grandes que présentait l'élaboration d'un travail d'administration communale. Ils voulurent singer la Commune de 93 et commencèrent par « dé-« créter. »

C'était faire preuve d'une ignorance grande sur les faits historiques de la Commune de 93 et sur les droits et les devoirs des municipalités.

En 93, les municipaux se contentaient de porter à la Convention l'expression des vœux des populations qu'ils administraient. Il est vrai que ces vœux, interprétés et soutenus par des orateurs de la taille de Robespierre et de Péthion, étaient le plus souvent entendus et ratifiés par les représentants du peuple. Mais la Commune elle-même ne décréta jamais rien de son autorité privée.

III

Actuellement, que ressort-il des divers manifestes dont la Commune de Paris vient d'inonder la France ?

Les Communaux de 71 demandent la *Fédération des 38,000 Communes de France?*

Ce n'est pas seulement une utopie, c'est aussi le renversement de l'œuvre gigantesque accomplie sous la première Révolution par les municipaux de 93.

La *Fédération des Communes* nous ramènerait purement et simplement à la féodalité ; et notre République, UNE et INDIVISIBLE, se décomposerait en 38,000 petites républiques, qui se désintéresseraient insensiblement les unes des autres et finiraient par se constituer en Etats indépendants.

La France perdrait cette cohésion, indispensable à la puissance d'une nation, qu'a si laborieusement recherché l'Allemagne et avec elle l'Italie.

, La *Fédération des Communes* fût-elle possible, il n'y aurait pas là un gage en faveur du principe démocratique. On trouverait encore dans les communes une majorité qui serait l'expression de ce même suffrage universel que Paris voudrait modifier. La réaction, puisque réaction on dit, dominerait encore.

La campagne est ignorante, répète-t-on, les populations intelligentes des villes ne sauraient pâtir de cet état de choses. La *Fédération des Communes* n'y obviera en rien ; et vous ne pouvez pas pourtant éliminer telle ou telle classe d'électeurs, sans porter atteinte au suffrage universel que vous avez tant préconisé autrefois.

Il faut se soumettre à la force des circonstances. Acceptons la situation telle que la veut la France ; répandons l'instruction parmi les masses et plus tard un vote conscient changera ce que le vote inconscient d'aujourd'hui aura établi de défectueux.

Paris qui veut l'affermissement du principe démocratique doit savoir que, si la monarchie est la souveraineté d'un seul sur tous, la République est la souveraineté de tous sur chacun, l'abnégation de l'individu en faveur de la chose publique.

Paris ne peut donc vouloir s'imposer à la France.

Paris a demandé ses franchises municipales, on les lui a rendues ; le maintien de l'institution de la garde nationale, il l'aura. Paris jouira de toutes·les prérogatives accordées aux autres villes. Il n'aura pas moins, il ne saurait réclamer plus.

C'est une question d'égalité et de légalité.

Aujourd'hui donc quel est le prétexte de ceux qui persistent à détenir un pouvoir usurpé. Ils prétendent défendre la République qui, disent-ils, sera renversée dès qu'eux-mêmes auront succombé.

La raison n'est que spécieuse.

Si la République reposait sur eux et en eux, sa durée risquerait fort de n'être qu'éphémère. La République appartient au peuple qui seul doit en être le dépositaire. Les Conseils municipaux élus dernièrement sont généralement républicains. De quoi donc se préoccupent les dictateurs de la capitale ?

Un vote national seul peut imposer telle ou telle forme de gouvernement. Est-ce que les communistes de Paris auraient la prétention de se substituer au suffrage universel ?

Eh bien ! qu'ils le sachent ; ce sont eux qui portent les plus terribles coups à la cause démocratique, par leurs excès, par la violence de leurs théories, par la passion de leur polémique et leurs décrets insensés.

L'homme paisible et sage, le bourgeois honnête, l'ouvrier laborieux désertent le principe pour fuir ces hommes de désordre. Ils sont près de confondre le sentiment pur, fraternel, désintéressé qui domine dans l'idée républicaine, avec les actes ridicules des agitateurs qui ignorent jusqu'au sens du mot qu'ils osent prendre pour devise.

La population saine de Paris l'a parfaitement compris. La *Commune*, telle qu'elle s'est imposée, n'est qu'un leurre et ne saurait remplir les désirs de l'honnête citoyen.

La commune de Paris n'est qu'un moyen comme elle n'était qu'un prétexte d'anarchie, à la faveur de laquelle quelques ambitieux impuissants, rejetés par tous les gouvernements, espèrent assouvir des haines personnelles ou satisfaire une odieuse cupidité, ce ne sont point là des républicains ni même des hommes à comparer aux municipaux outrés de 93. Intrigants de bas étage, ils ont fait de Paris la proie d'un véritable brigandage cosmopolite. Tout ce que l'Europe compte de malfaisant et de véreux est venu prêter son concours aux démagogues de la capitale.

Mais qu'on ne fasse pas l'injure aux républicains sincères de confondre les faits de ce ramassis de factieux stupides avec les dignes et douces institutions d'une République honnête et modérée.

Comme on le voit, l'influence morale de la Commune actuelle ne saurait être grande en France ni même à Paris. La Commune, au drapeau rouge, est morte et bien morte dans l'esprit de tous.

IV

Si nous considérons actuellement les forces matérielles qui sont au service des agitateurs de la Capitale, nous les verrons de beaucoup réduites, depuis le 18 mars.

En effet, et nos renseignements peuvent être pris à la lettre, la Commune de Paris ne compte plus sous ses ordres que vingt-cinq mille combattants, dont les exigences augmentent de jour en jour. Les ressources pécuniaires seront bientôt nulles ; les octrois ne fonctionnent presque plus par suite de l'investissement qui, à cette heure, est à peu près complet. Le recouvrement des impositions est effectué depuis longtemps déjà. Les dépenses quotidiennes sont considérables ; elles s'élèvent à douze cent mille francs. C'est qu'il y a à satisfaire bien des appétits.

Les hommes de l'Hôtel-de-Ville, il est vrai, ne se croient pas à bout d'expédients. Ils comptent imposer le capital du dix pour cent, et réquisitionner les principales maisons de Banque. Le capital résistera et les caisses sont vides.

Il y a actuellement dans la Capitale une population sourdement irritée ; la classe ouvrière elle-même ne cache plus son mécontentement, par suite d'un chômage désastreux pour elle.

Les communaux sont résolus, dit-on, à ne laisser derrière eux que des monceaux de ruine s'ils doivent être vaincus. En auront-ils le temps ?

Non, assurément.

Paris, frémissant de colère sous la dictature factice de l'Hôtel-de-Ville, se réveillera tout à coup, quand un bataillon versaillais aura franchi le mur d'enceinte. Les dictateurs actuels fuiront honteusement et les vingt-cinq mille égarés qui, la plupart marchent par besoin et par misère, seront heureux d'avoir la vie sauve en déposant les armes.

Dans la dure épreuve que traverse notre pays infortuné, nous croyons qu'il serait de bonne politique qu'une promesse d'amnistie soit faite à la garde nationale de Paris. On faciliterait ainsi la défection des fédérés, au dernier moment, et l'on éviterait aussi les actes de désespoir toujours funestes aux deux belligérants, quand ceux-ci appartiennent à une même nation.

Joseph **BLOCH.**

Marseille. — Imp. J. Doucet et Comp., rue Moustier, 7.

www.ingramcontent.com/pod-product-compliance
Lightning Source LLC
Chambersburg PA
CBHW051308050726
47595CB00008B/3442